MA BOITE A OUTILS SOPHRO

POUR PASSER MES EXAMENS

50 EXERCICES PRATIQUES

MA BOITE A OUTILS SOPHRO

POUR PASSER MES EXAMENS

50 EXERCICES PRATIQUES

Stéphanie HAUSKNECHT

©2017, Stéphanie Hausknecht
Edition : BoD – Books on Demand
12/14 rond-point des Champs Elysées, 75008 Paris
Imprimé par Books on Demand GmbH, Norderstedt, Allemagne
ISBN : 9782322101788
Dépôt légal : décembre 2017

PREFACE

Cet ouvrage comporte 50 exercices de sophrologie simples à pratiquer afin de vous permettre d'appréhender vos examens sereinement et de ne pas vous laisser submerger par vos émotions, le stress, la pression des résultats, l'angoisse du sujet, ou la peur de parler devant un examinateur…

Ils vont vous permettre d'éliminer les tensions physiques, le stress psychologique, les maux de tête et les migraines, mais également d'améliorer votre concentration et votre capacité de mémorisation, de vous aider à bien dormir et de vivre le jour « J » en toute quiétude.

Plus vous pratiquerez ces exercices, plus ils seront efficaces rapidement et profondément. N'hésitez pas à tous les essayer et ne gardez que ceux que vous préférez, ceux avec lesquels vous êtes le plus à l'aise, ceux qui vous apportent le plus de bien-être.

Il vaut mieux que vous n'utilisiez que quelques exercices souvent plutôt que tous seulement une ou deux fois.

Adaptez-les aux situations si vous souhaitez rester discret et appropriez-les-vous.

N'oubliez pas que c'est un travail de ressenti, soyez à l'écoute de vos sensations corporelles et soyez attentif à tous les effets positifs qu'ils vous procurent.

Je vous souhaite à tous de réussir vos examens, et je vous souhaite également un très bel avenir !

SOMMAIRE

CONCENTRATION ET MEMORISATION 9

BIEN DORMIR 19

ELIMINER LES TENSIONS 29

ELIMINER LES MAUX DE TETE ET LES

MIGRAINES 41

EVACUER LE STRESS 49

AVANT LES EPREUVES 69

PENDANT L'EPREUVE 85

CONCENTRATION ET MEMORISATION

Pratiqués régulièrement, ces exercices permettent de se recentrer, d'apaiser le mental, de focaliser son attention en laissant de côté plus facilement tout ce qui parasite la concentration.

Ils permettent également de dynamiser la mémoire et de faciliter l'apprentissage.

➤ **Concentration sur un objet neutre**

Cet exercice permet de développer l'attention et de la renforcer au quotidien.

Il permet également d'apprendre à se concentrer en faisant abstraction de toutes les distractions extérieures, comme les bruits environnants, les pensées parasites, les émotions ou préoccupations... afin de ne se focaliser que sur une seule et même tâche.

- ❖ Observez pendant une minute un objet posé face à vous, un objet neutre comme un stylo par exemple.

- ❖ Laissez passer toutes les pensées parasites, tous les bruits, tout ce qui n'a pas d'importance dans le moment présent.

- ❖ Puis détaillez cet objet, observez sa forme : Est-ce que ses contours sont réguliers ?
  Observez sa taille : Est-ce qu'il est plutôt grand ou petit ?
  Observez sa couleur : Est-ce qu'il est clair ou foncé ?
  A quelle distance se trouve-t-il de vous ?

- ❖ Puis en même temps, portez votre attention sur votre respiration, calme, tranquille et régulière.

Faites l'exercice pendant 1 minute puis augmentez les temps d'observation au fur et à mesure (1 minute 30, 2 minutes…).

➢ **<u>Elargir le champ d'attention</u>**

Cet exercice est une variante de l'exercice ci-dessus et a pour objectif d'améliorer la créativité et la concentration.

- ❖ Fixez un objet pendant 1 minute.

- ❖ Progressivement, élargissez le champ d'observation, et regardez ce qui se trouve à coté de l'objet et ce qui l'entoure.

- ❖ Puis vous observez les meubles, les murs, tout ce qui vous entoure, toujours en étant bien présent à ce que vous observez.

Surtout ne laissez pas votre esprit s'échapper, chassez toutes idées parasites.

➢ **Recréer une image mentale**

Cet exercice permet de focaliser son attention et de dynamiser la mémoire.

- ❖ Observez un objet neutre pendant 30 secondes puis fermez les yeux.

- ❖ Reconstituez son image mentalement le plus longtemps possible.

- ❖ Puis récitez des tables de multiplication en se concentrant sur la respiration :

- ❖ Inspirez en récitant mentalement, par exemple : 2x1 = 2.

- ❖ Et expirez en récitant 2x2 = 4.

- Continuez jusqu'à 2x10.

Puis vous pouvez, si vous le souhaitez, continuer l'exercice en récitant une autre table toujours en association avec la respiration.

> **<u>Respiration alternée</u>**

Cet exercice permet d'améliorer la concentration également.

- Mettez-vous assis ou debout, le dos droit et les yeux fermés.

- Bouchez la narine droite et inspirez par la narine gauche, puis bouchez la narine gauche et soufflez par la narine droite.

Pratiquez quelques respirations toujours dans le même sens.

- Reprenez une respiration naturelle puis changez de sens : bouchez la narine gauche et inspirez par la narine droite, puis bouchez la narine droite et soufflez par la narine gauche.

Continuez pendant quelques instants dans ce sens.

Puis faites une petite pause à la fin de l'exercice pour laisser le temps au corps d'intégrer tous les effets positifs de l'exercice.

➢ **<u>Pouce sur le front</u>**

Cet exercice permet de se concentrer et de maintenir son attention.

Une bonne concentration permet d'être plus efficace et d'avoir une mémoire plus performante.

❖ Levez le bras droit à hauteur des yeux et fixez un point sur le pouce.

❖ Pendant ce temps, prenez conscience de votre respiration, sans la modifier.

- ❖ Dirigez votre attention sur le passage de l'air dans les narines, plus frais à l'inspiration et un peu plus tiède à l'expiration.

- ❖ Inspirez profondément, bloquez la respiration et amenez doucement le pouce vers le visage.

- ❖ Quand la vue se trouble, fermez les yeux tout en laissant le pouce continuer son chemin et toucher le front.

- ❖ Soufflez et relâchez, puis recommencez l'exercice 2 ou 3 fois avec le bras droit.

Puis gardez un instant les yeux fermés, prenez un temps de pause pour laisser remonter toutes les sensations agréables.

Recommencez cet exercice avec le bras gauche autant de fois que vous l'avez fait avec le bras droit.

Prenez un nouveau temps de pause à la fin de l'exercice pour laisser le temps au corps d'intégrer tous les effets positifs.

➢ **<u>Respiration en 4-4-6-2</u>**

Cette respiration est très vitalisante, elle permet d'améliorer la concentration et d'éliminer le stress.

- ❖ Inspirez par le nez pendant 4 secondes.

- ❖ Bloquez la respiration en haut d'inspiration 4 secondes en levant les bras lentement.

- ❖ Expirez par la bouche pendant 6 secondes en descendant les bras doucement.

- ❖ Bloquez la respiration en bas d'expiration 2 secondes.

Continuez cette respiration de façon fluide et régulière pendant 5 minutes.

Puis faites une pause d'intégration pour prendre conscience de tous les effets bénéfiques et positifs.

➢ **<u>Exercice de la tête</u>**

Cet exercice améliore la circulation cérébrale sensiblement.

Pour effectuer l'exercice, visualisez votre visage de l'extérieur.

- ❖ Inspirez en levant le visage vers le plafond, la nuque le plus en arrière possible et entrouvrir les lèvres.

- ❖ Rétention 2 secondes en vous visualisant.

- ❖ Expirez par la bouche en ramenant la tête dans sa position initiale. Observez le mouvement de la tête dans l'espace.

Faites une pause d'intégration pour apprécier les modifications apportées par l'exercice.

❖ Puis inspirez en descendant le menton au plus près de la poitrine, toujours en vous observant de l'extérieur.

❖ Rétention 2 secondes en vous visualisant.

❖ Expirez par la bouche en ramenant la tête dans sa position initiale.

Faites une nouvelle pause de récupération et notez toutes les sensations dans le cou, la nuque, la tête, ressentez l'énergie circuler librement dans le cerveau.

BIEN DORMIR

Ces petits exercices ont pour objectif de relâcher le corps et l'esprit en se concentrant sur ses sensations corporelles ou sur sa respiration afin de faciliter l'endormissement.

➢ **Respiration 4-7-8**

Cet exercice permet de ralentir le rythme cardiaque et libère des composés dans le cerveau qui apaisent.

❖ Inspirez par le nez pendant 4 secondes, retenez votre respiration pendant 7 secondes et expirez par la bouche pendant 8 secondes.

Continuez cet exercice pendant 12 respirations et observez les sensations positives de détente qu'il procure. Reproduisez-le si nécessaire.

➢ **Respiration profonde**

Faites cet exercice en cas de difficulté à vous endormir ou bien en cas de réveil nocturne pour vous rendormir.

❖ Respirez profondément, et vous dire à l'inspiration : « j'ai sommeil ».

❖ Ressentez les yeux qui piquent, l'envie de bailler, percevez le sommeil qui approche.

❖ Puis se dire à l'expiration : « je suis en train de m'endormir ».

Ressentez toutes les sensations relatives à l'endormissement et concentrez-vous uniquement sur votre respiration, apaisante et relaxante.

Répétez cet exercice 20 fois si l'endormissement n'a pas eu lieu avant...

➤ **<u>Sophro-Respiration-Synchronique</u>**

Cette respiration peut se pratiquer en 2 temps : Inspiration – Expiration, ou en 5 temps : Inspiration - Rétention - Tension douce - Expiration - Relaxation.

L'idéal est d'essayer les deux méthodes afin de trouver celle qui vous convient le mieux.

- <u>La Sophro Respiration Synchronique en 2 temps :</u>

❖ Inspirez profondément par le nez en visualisant l'endormissement, puis expirez doucement et lentement par la bouche en pensant à un mot comme « calme » ou « paisible ».

Pratiquez cette respiration pendant quelques minutes.

- <u>La Sophro Respiration Synchronique en 5 temps :</u>

❖ Inspirez profondément par le nez, bloquez la respiration en visualisant la nuit, faites une douce tension du corps puis expirez lentement par la bouche en pensant à un mot comme « plénitude » ou « récupérateur ».

Pratiquez cette respiration pendant quelques minutes.

> **<u>Sophronisation de base</u>**

Installez-vous confortablement dans votre lit, dans la position qui vous permet de vous endormir facilement.

Fermez les yeux et prenez le temps de ressentir tous les points de contact de votre corps contre le matelas, et de votre tête contre l'oreiller.

Ressentez les vêtements sur votre peau, la douceur des draps ou le moelleux de la couette.

Prenez un temps pour apaiser votre mental en laissant glisser les pensées, les préoccupations de la journée, les bruits extérieurs.

Recentrez-vous sur votre respiration, calme et tranquille. Laissez votre respiration devenir plus lente, plus profonde.

Prenez maintenant le temps de relâcher chaque partie de votre corps. Commencez par votre tête et votre visage.

Relâchez tous les muscles de votre visage, votre front, vos yeux, vos joues, vos mâchoires se desserrent. Ressentez votre tête et votre visage complètement détendus et relaxés.

Puis relâchez vos épaules, vos bras, vos mains, jusqu'au bout des doigts.

Imaginez que les tensions du haut de votre corps descendent le long de vos bras et s'évacuent par le bout des doigts.

Contemplez votre dos, laissez votre dos s'étaler et prendre toute la place nécessaire.

Chaque muscle, chaque vertèbre de votre dos se détend. Votre colonne vertébrale est souple, tout votre dos est parfaitement détendu.

Puis les tensions s'effacent dans votre cou et votre nuque.

La détente se diffuse dans votre cage thoracique. Votre rythme cardiaque est calme, tranquille et régulier.

Laissez maintenant votre abdomen se détendre, et ressentez les mouvements de votre ventre au rythme de votre respiration, toujours calme et tranquille.

Puis tout le bas de votre corps, vos cuisses, vos genoux, vos mollets et vos tibias jusqu'aux pieds sont totalement relâchés.

Imaginez toutes les tensions du bas du corps qui descendent le long des jambes et qui s'évacuent par le bout des pieds.

Tout votre corps est maintenant bien détendu et bien relâché. Prenez le temps de ressentir pleinement ce qui se passe dans votre corps.

Puis concentrez-vous sur le poids de votre corps. Sur les points de contact entre votre corps et le matelas.

Laissez tout votre corps se laisser aller à une agréable sensation de lourdeur.

Imaginez qu'à chaque expiration, votre corps s'enfonce de plus en plus dans le matelas.

Percevez à chaque expiration votre corps de plus en plus lourd, une agréable lourdeur, comme s'il s'enfonçait dans un cocon protecteur.

Prononcez mentalement deux mots synonymes de sommeil : « dormir », « repos », « calme » ou « sommeil » …

Prononcez un mot sur l'inspiration puis un mot sur l'expiration, jusqu'à ce que vous vous endormiez paisiblement.

> ### **Visualisation positive : Lieu ressource**

Le fait de concentrer toutes ses pensées positives sur un lieu agréable, permet de se détendre profondément.

Le corps ne fait pas la différence entre les projections du mental réelles ou irréelles, alors développez cette pensée positive pour vous relaxer en profondeur.

Visualisez un lieu de détente à travers les cinq sens. Respirez calmement, laissez venir à vous l'image d'un paysage qui vous apaise, peut-être que c'est la plage, la campagne, la montagne, une dune de sable...

Eveil de la vue : Une fois votre paysage de bien-être choisi, observez tous les détails du décor. Les couleurs, les reliefs, les formes du paysage, prenez ce temps pour bien visualiser tous les détails à partir de ce cadre posé à l'intérieur de vous.

Eveil de l'ouïe : Imaginez entendre tous les bruits, le vent frais, le chant des oiseaux, une musique qui ressource, éveillez les sens.

Eveil de l'odorat : Imaginez sentir une odeur très agréable, peut-être l'ambre solaire, peut-être une odeur de fleurs, inspirez profondément pour intégrer ces parfums, remplissez-vous de cette odeur agréable, et emplissez-vous de bien-être.

Eveil du toucher : Imaginez toucher quelque chose de très doux, peut-être un galet, peut-être du sable, peut-être de l'herbe, quelque chose qui apaise, qui permet de se reconnecter avec le sens du toucher.

Eveil du goût : Et maintenant, imaginez le goût de votre boisson préférée, ressentez ce goût agréable, son odeur, les sensations dans la bouche, sur la langue.

Puis visualisez-vous dans ce lieu ressource, faites tout ce que vous voulez dans ce magnifique paysage à partir du moment où vous vous sentez calme, détendu et relâché. Vous pouvez marcher, courir, nager, vous allonger, profitez de ces instants de détente.

ELIMINER LES TENSIONS

Ces petits exercices ont pour objectif d'éliminer toutes les tensions qui viennent se loger dans le corps quand on est stressé (raideurs dans la nuque, douleurs dorsales, boule au ventre, poids sur le cœur...).

> **<u>Contraction totale du corps</u>**

Cet exercice permet de se détacher rapidement des sensations de mal-être liées à une situation difficile, dérangeante ou perturbante, et de se détendre rapidement.

❖ Inspirez par le nez en contractant tout le corps, en crispant le visage, et en fermant les poings.

❖ Bloquez la respiration quelques secondes.

❖ Expirez fortement par la bouche en relâchant tous les muscles, en visualisant toutes les tensions physiques qui s'évacuent.

Faites une pause d'intégration de quelques secondes pendant laquelle vous êtes attentifs à toutes les sensations de détente et de relâchement.

Renouvelez l'exercice pour le faire 3 à 5 fois au total.

➢ **Toucher le plafond**

Cet exercice permet de se détendre dans la tension et se pratique en position debout.

❖ Inspirez profondément et essayez de toucher le plafond avec la main droite en tendant le bras et en s'appuyant sur le pied gauche. Puis soufflez et relâchez en descendant le bras le long du corps.

Renouvelez trois fois cette séquence, toujours du même côté, et ressentez les différentes sensations que l'exercice procure.

- ❖ Maintenant, inversez la main et le pied, inspirez profondément et essayez de toucher le plafond avec la main gauche en tendant le bras et en s'appuyant sur le pied droit.

- ❖ Puis soufflez et relâchez en descendant le bras le long du corps.

Renouvelez également trois fois cette séquence toujours du même côté et soyez de nouveau attentif aux différentes sensations que l'exercice procure.

Et enfin, étirez au maximum les deux bras vers le plafond en inspirant profondément, et en soufflant, relâchez et redescendez les bras le long du corps.

Percevez la détente physique et mentale et portez votre attention sur toutes les perceptions qui vous parviennent après ces étirements.

➢ **Etirement de la colonne vertébrale**

Cet exercice permet de libérer le dos de toutes les tensions et de toutes les émotions négatives accumulées au fil des jours et qui viennent se loger dans cette région.

- ❖ En position debout, adoptez une respiration abdominale paisible et régulière.

- ❖ Prenez conscience de votre corps en mouvement, et plus particulièrement du dos et de la colonne vertébrale.

- ❖ Croisez les doigts, mains vers le sol et paumes vers le bas, votre respiration est libre.

- ❖ Tournez lentement votre buste, vos épaules et votre tête vers la droite puis vers la gauche, sans bouger ni votre bassin, ni vos jambes.

- ❖ Effectuez cette rotation droite-gauche en montant très progressivement les mains :
    - ✓ Devant le ventre,
    - ✓ Devant la poitrine,
    - ✓ Devant le visage,
    - ✓ Au-dessus de la tête.

- ❖ Redescendez lentement les mains, comme à l'aller mais en sens inverse, jusqu'à leur position initiale vers le sol, toujours paumes des mains vers le bas.

Faites une pause d'intégration pour apprécier davantage toutes les sensations de détente et d'étirement de la colonne vertébrale et ressentez la diffusion d'une douce énergie.

Recommencez l'exercice 3 fois.

> **Rotations axiales**

Cet exercice permet de lâcher-prise notamment pour s'extraire un instant d'une sensation désagréable.

Il permet également d'éliminer les tensions qui viennent se loger dans le dos.

❖ En position debout, les pieds écartés de la largeur du bassin, fléchissez légèrement les genoux, décontractez le ventre, relâchez les mains, les bras, laissez les épaules s'abaisser et gardez la tête dans le prolongement de la colonne vertébrale.

❖ Gardez les yeux ouverts pour ne pas perdre l'équilibre, et prenez une profonde inspiration par le ventre et tendez légèrement les jambes.

- ❖ Bloquez la respiration et laissez le haut du corps tourner de droite à gauche et de gauche à droite, de la façon la plus souple possible.

- ❖ Ressentez les mains et les bras souples, laissez la tête suivre le mouvement du buste, puis revenir en position droite.

A la fin de l'exercice, prenez le temps de souffler doucement, fermez les yeux, et reprenez une respiration naturelle.

Accueillez les sensations de relâchement, de détente et d'apaisement, appréciez la sensation de lâcher-prise et de la mise à distance des sensations désagréables.

Refaites cet exercice 3 à 5 fois et laissez le calme et l'apaisement s'installer en vous.

➢ **Respiration Thoracique**

Cet exercice permet de se concentrer sur une respiration au niveau de la poitrine.

Cette respiration est très utile pour ramener le calme face à une situation stressante et permet de lâcher la pression et d'éliminer toutes les tensions inutiles ainsi que le stress psychologique.

- ❖ Inspiration par le nez pendant 5 secondes, mains posées sur les côtes, sentez les côtes qui se soulèvent (respiration haute).

- ❖ Rétention 2 secondes.

- ❖ Expiration par la bouche pendant 8 secondes en appuyant légèrement sur les côtes.

Visualisez les tensions inutiles qui s'évacuent, et le stress psychologique qui disparaît.

Faites 1 à 3 séries de 3 à 5 respirations en reprenant à chaque fois une respiration libre entre chaque respiration travaillée.

Faites une pause d'intégration en relâchant les bras entre chaque série, appréciez les sensations de libération et de bien-être.

- **<u>Relaxation progressive de Jacobson</u>**

Cette méthode de décontraction musculaire est basée sur une succession de contractions et relâchements volontaires de différentes parties du corps.

Elle permet de relâcher les muscles, souvent tendus par une situation de stress et d'obtenir le calme sur le plan psychique.

- ❖ Installez-vous confortablement, allongé ou assis, puis fermez les yeux et respirez calmement et lentement.

- ❖ Focalisez votre attention sur votre main gauche. Serrez progressivement le poing, prenez conscience de la tension, puis détendez complètement la main.

- ❖ Puis portez votre attention sur votre bras gauche. Contractez de plus en plus fortement le bras gauche, prenez conscience de la tension et relâchez totalement le bras.

- ❖ Continuez avec la main droite.

- ❖ Puis avec le bras droit.

- ❖ Ensuite le front.

- ❖ Continuez avec les yeux.

- ❖ Puis avec la mâchoire, la bouche et la langue.

- ❖ Après avec le cou et la nuque.

- ❖ Ensuite avec les épaules.

- ❖ Puis le thorax et l'abdomen.
- ❖ Continuez avec le bas du corps : La cuisse gauche.
- ❖ Puis toute la jambe gauche.
- ❖ Et juste le pied gauche.
- ❖ Ensuite la cuisse droite.
- ❖ Puis toute la jambe droite.
- ❖ Et juste le pied droit.
- ❖ Terminez par le corps entier. Contractez de plus en plus fortement tout le corps, serrez et relâchez.

Prenez un temps à la fin pour vous reposer quelques instants en respirant lentement et calmement.

ELIMINER LES MAUX DE TETE ET LES MIGRAINES

Ces petits exercices ont pour objectif d'éliminer les maux de tête, les migraines, les raideurs dans la nuque et le cou dus à la pression des examens.

➤ **Respiration sus-claviculaire**

Cette respiration sert notamment à éliminer les migraines, maux de tête, raideurs dans le cou et la nuque ainsi que les tensions dans la zone des trapèzes.

Elle sert également à éliminer tout le stress psychologique, toutes les pressions mentales du cerveau.

- ❖ Placez vos mains derrière la nuque, puis inspirez par le nez pendant 5 secondes en basculant légèrement la tête en arrière.

- ❖ Bloquez la respiration pendant 2 secondes.

- ❖ Expirez par la bouche pendant 8 secondes en redressant la tête.

Visualisez en même temps toutes les pressions mentales du cerveau qui disparaissent, tout le stress psychologique qui s'élimine.

Faites cette respiration par série de 3 à 5 et faites une pause d'intégration en relâchant les bras entre chaque série.

> **<u>Respiration sus-claviculaire en chassant les bras</u>**

C'est une variante de la technique ci-dessus, avec les mêmes propriétés :

- ❖ Mettez les mains derrière la nuque puis inspirez profondément par le nez en resserrant les coudes vers l'arrière, en montant le sternum vers le ciel et en ouvrant la cage thoracique.

- ❖ Bloquez la respiration 4 secondes.

- ❖ Puis expirez par la bouche en relâchant les bras comme pour chasser les douleurs.

Faites cette respiration par série de 3 à 5 et faites une pause d'intégration en relâchant les bras entre chaque série et en visualisant toutes les douleurs qui s'éloignent.

> **<u>Respiration mains sur la tête</u>**

Cet exercice permet également d'éliminer les maux de tête, migraines et d'évacuer le stress psychologique.

- ❖ En position assise ou debout, ancrez les pieds dans le sol et abaissez les épaules. Fermez les yeux puis inspirez en mettant les mains croisées au-dessus de votre tête, paumes des mains vers le ciel.

- ❖ Retenez la respiration, étendez vos bras et vos mains vers le plafond puis soufflez par la bouche en redescendant les bras.

- ❖ Puis une deuxième fois, inspirez mains sur la tête, retenez l'air, étirez-vous de plus en plus et davantage, expirez et relâchez.

- ❖ Et à la troisième fois ajoutez un exercice de visualisation : inspirez, croisez les mains, retenez la respiration et imaginez tirer tous les fils de tension, décollez tous ces fils du cerveau et soufflez.

Faites une pause d'intégration, visualisez le cerveau libéré de toutes les tensions. Faites 3 séries de 3 respirations.

> **Exercices du cou**

Ces exercices ont pour objectif de détendre toute la zone du cou, de la nuque et des trapèzes.

Ils permettent d'éliminer toutes les raideurs et tous les blocages qui viennent se loger dans cette zone lorsque l'on subit un stress psychologique ou des pressions mentales.

❖ Inspirez lentement par le nez en baissant la tête doucement.

❖ Bloquez la respiration 4 secondes en redressant la tête doucement.

❖ Puis soufflez lorsque la tête est revenue dans sa position initiale.

Reprenez une respiration libre et recommencez une dizaine de fois.

- ❖ Puis faites la même chose en inspirant doucement par le nez en levant la tête vers l'arrière.

- ❖ Bloquez la respiration 4 secondes en redressant la tête doucement.

- ❖ Soufflez lorsque la tête est revenue dans sa position initiale.

Reprenez une respiration libre et recommencez une dizaine de fois.

- ❖ Puis tête au milieu, inspirez et soufflez en tournant votre tête vers la gauche, en plaçant votre menton au-dessus de votre épaule.

- ❖ Expirez comme pour regarder derrière vous, comme pour soufflez l'air par-dessus votre épaule.

- ❖ Puis inspirez en revenant au milieu et soufflez vers la droite, en plaçant votre menton au-dessus de votre épaule.

- ❖ Faites un temps d'apnée après chaque inspiration et continuez le mouvement plusieurs fois, tout doucement à votre rythme.

Faites une pause d'intégration pendant laquelle vous écoutez votre corps et en appréciant la libération des tensions.

EVACUER LE STRESS

Ces petits exercices ont pour objectif d'évacuer tout le stress psychologique, toutes les pressions mentales du cerveau et de se sentir apaisé.

> **<u>Respiration au carré</u>**

C'est une respiration sur quatre temps, qui apaise en cas de stress.

- ❖ Commencez par pratiquer une respiration lente et abdominale.

- ❖ Inspirez pendant 4 secondes, bloquez la respiration en haut d'inspiration pendant 4 secondes.

- ❖ Expirez pendant 4 secondes, bloquez la respiration en bas d'inspiration pendant 4 secondes.

Recommencez cet exercice 5 à 10 fois en fermant les yeux.

Essayez d'accompagner chaque phase respiratoire du tracé mental du côté d'un carré.

➢ **Respiration rectangulaire**

Cet exercice permet de calmer un état de stress ou d'agitation trop intense et de retrouver un calme intérieur avec un mental plus apaisé.

- ❖ Inspirez par le nez pendant 4 temps puis bloquez la respiration 2 temps.

- ❖ Expirez par la bouche 4 temps puis bloquez la respiration poumons vides 2 temps.

Les temps peuvent correspondre à des secondes, à des pulsations cardiaques, à des mots prononcés mentalement, ou bien au tic-tac d'une horloge. Les temps peuvent être réaménagés en fonction de votre capacité respiratoire.

Il est possible d'augmenter les temps : 8/4-8/4, et toujours sans forcer pour que cela reste naturel et agréable.

Il vaut mieux éviter d'inspirer trop profondément pour tenir ensuite l'apnée, car cela peut créer des tensions inutiles.

Pour débuter il est préférable que vous utilisiez seulement la moitié ou les 2/3 de votre capacité respiratoire.

Faites cet exercice pendant quelques minutes et arrêtez au moindre signe de vertige.

> ### **Les 4 zones clés**

Cet exercice permet d'apprendre à relâcher les 4 zones clés, lieu habituel des tensions, rapidement en cas de stress.

1) Prenez une respiration calme, portez votre attention au niveau du front. Prenez conscience des sensations intérieures qu'il vous procure, puis lissez-le en douceur.

Faites partir toutes les petites rides de souci pour que votre front devienne lisse comme l'eau d'un lac tranquille.

Mettez les sourcils au repos, laissez partir toutes les pensées qui tracassent ou perturbent pour les remplacer par le mot « calme ». Inspirez profondément et expirez longuement.

2) Ensuite portez votre attention sur les mâchoires. Observez les éventuelles crispations, les tensions intérieures.

Faites jouer doucement les muscles de vos mâchoires pour les détendre et les relâcher : dans un sens, puis dans l'autre.
Inspirez profondément puis expirez longuement.

3) Prenez conscience de vos épaules et en particulier de la zone des trapèzes, ces muscles qui relient les épaules au cou. Sentez les contractions, les tensions, peut-être les douleurs.

Respirez profondément, relâchez les épaules, qui s'abaissent de plus en plus au fur et à mesure des expirations. Vos épaules descendent et libèrent davantage votre cou. Inspirez profondément et expirez longuement.

4) Et enfin concentrez-vous sur votre ventre, siège du centre vital. Ressentez votre abdomen : lourd, léger, serré, contracté ?

Détendez volontairement toute cette zone en respirant profondément. A l'inspiration par le nez, le ventre se gonfle ; à l'expiration longue par la bouche, le ventre se creuse.

Faites une pause d'intégration pour laisser le temps au corps de s'imprégner de tout le relâchement des tensions et se sentir bien, serein, apaisé.

➢ **Respiration avec les bras**

Cet exercice permet d'éliminer la sensation d'oppression liée au stress.

Le fait de s'aider de ses bras améliore la respiration et atténue la sensation de blocage.

- ❖ Mettez-vous en position debout, les jambes légèrement écartées de la largeur du bassin, sentez votre équilibre.

- ❖ Relâchez le haut du corps. Laissez tomber vos épaules, vos bras sont placés le long du corps.

- ❖ Tendez vos bras devant vous à l'horizontal, paumes des mains face à face. Vos coudes sont souples, vos doigts relâchés.

❖ Inspirez pendant 5 secondes au minimum tout en écartant doucement vos bras dans un ample mouvement d'ouverture. Prenez conscience du volume du thorax qui s'amplifie.

❖ Expirez pendant 5 secondes en ramenant vos bras en position initiale.

Refaites cet exercice 5 fois.

❖ Puis les bras le long du corps, les mains relâchées, les paumes des mains effleurant les cuisses, inspirez en laissant monter vos deux bras en parallèle vers le haut. Arrêtez le mouvement à la fin de l'inspiration.

❖ Marquez une pause de quelques secondes.

❖ Expirez en redescendant les bras parallèles lentement.

Refaites cet exercice 5 fois.

Respiration Abdominale

La respiration abdominale permet d'assouplir le diaphragme bloqué par le stress. Son rythme lent envoie un signal de ralentissement au système nerveux, les mouvements du diaphragme vont exercer un massage interne de tous les organes.

Cette respiration est très utile pour éliminer tous les symptômes physiques du stress : sensation de boule au ventre, mains moites, voix tremblante, souffle coupé, trac…

Utilisez cette technique avant de passer un oral, elle est très efficace dans le cadre de la prise de parole en public.

- ❖ Inspirez par le nez pendant 5 secondes, doigts croisés sur l'abdomen en sentant le ventre qui se gonfle.

- ❖ Bloquez 2 secondes.

- ❖ Expirez par la bouche pendant 8 secondes en appuyant sur le ventre comme pour le faire toucher avec le dos.

Visualisez les tensions physiques qui s'évacuent, les symptômes physiques du stress comme la respiration accélérée, les mains moites, les tremblements..., qui disparaissent.

Faites 1 à 3 séries de 3 à 5 respirations en reprenant une respiration libre entre chaque respiration travaillée.

Faites une pause d'intégration en relâchant les bras entre chaque série, vivez la sensation de calme et de détente.

> **<u>Respiration Totale</u>**

Cette respiration permet de diffuser le bien-être dans tout le corps et dans tout l'esprit.

L'utilisation des bras améliore la respiration et atténue la sensation de blocage.

N'hésitez pas à la reproduire pieds nus dans la nature, sur de l'herbe fraiche, du sable chaud...

- ❖ Inspiration par le nez pendant 5 secondes en levant les bras jusqu'au dessus de la tête et en pensant « tout mon corps ».

- ❖ Rétention 2 secondes.

- ❖ Expiration par la bouche pendant 8 secondes en relâchant les bras le long du corps et en pensant « est parfaitement détendu ».

Visualisez tout le corps qui se relâche complètement, chaque membre, chaque muscle, chaque os.

Faites 1 à 3 séries de 3 à 5 respirations en reprenant une

respiration libre entre chaque respiration travaillée.

Faites une pause d'intégration en gardant les bras relâchés entre chaque série, et ressentez une douce énergie qui se diffuse dans tout votre corps.

> **<u>Doigts en griffe</u>**

Cet exercice permet de maintenir le calme et de le diffuser en soi.

❖ Installez-vous confortablement, les pieds écartés de la largeur du bassin, déverrouillez les genoux, décontractez le ventre, relâchez les mains et les bras, laissez les épaules s'abaisser, et gardez la tête dans le prolongement de la colonne vertébrale puis fermez les yeux.

❖ Inspirez en gonflant le ventre et en levant les bras à l'horizontal face à soi.

Contractez les doigts comme pour faire des griffes et imaginez agripper le calme.

❖ Bloquez la respiration et laissez les mains revenir naturellement vers la poitrine et soufflez en relâchant les bras le long du corps.

Reprenez une respiration libre, gardez les yeux fermés, appréciez les sensations de calme et de relâchement, accueillez les sensations de détente et de bien-être. Puis ouvrez les yeux et recommencez cet exercice 3 à 4 fois.
Ressentez la détente s'installer plus profondément à chaque mouvement.

> **<u>Détente du ventre</u>**

Cette technique est indiquée pour les situations qui créent de l'anxiété et qui « tendent » le ventre.

- ❖ Posez les mains sur le ventre au niveau du nombril, bien à plat l'une à coté de l'autre.

- ❖ Vos mains sont au centre, de part et d'autre du nombril, inspirez en poussant sur les abdominaux pour soulever les mains.

- ❖ Expirez en laissant le ventre rentrer, tout en appuyant légèrement avec les deux mains.

Relâchez bien afin que le ventre soit souple au contact des mains.

Recommencez cet exercice 3 fois.

- ❖ Ensuite suspendez votre souffle à la fin de l'expiration et déplacez vos mains toujours bien à plat, en traçant des cercles dans le sens des aiguilles d'une montre.

- ❖ Inspirez profondément, votre ventre se soulève, vos muscles sont en tension légère.

- ❖ Expirez, videz puis bloquez et massez le ventre dans un large mouvement circulaire.

Votre ventre doit faire l'effet d'une boule de pâte à modeler que l'on veut déplacer sous les doigts.

- ❖ Continuez en massant en profondeur et en douceur pendant une minute avec votre respiration naturelle.

- ❖ Puis ramenez les mains l'une à côté de l'autre sur le ventre. Ressentez les choses de l'intérieur, peut-être une légère chaleur sur votre ventre, ou de légers picotements. Concentrez-vous sur cette chaleur, ces picotements.

Votre ventre est souple et chaud, de plus en plus chaud. La chaleur augmente à chaque respiration. La chaleur des mains pénètre à travers la peau dans votre ventre et se propage.

Ressentez la détente et le réconfort. Laissez-vous aller à ces sensations.

> **Exercice de visualisation : Le soleil**

Cet exercice permet de s'apaiser mentalement, de se vitaliser et de diffuser le bien-être.

Placez-vous debout, bien droit, les jambes légèrement écartées, les yeux fermés et imaginez un grand soleil lumineux dans le ciel, juste au dessus de votre tête.

Inspirez profondément en tournant les paumes des mains et en levant votre visage vers le soleil, en recevant sa chaleur, son énergie, sa force et toute sa vitalité.

Percevez le soleil, ressentez la chaleur des rayons du soleil sur les parties découvertes de votre peau, laissez la sensation de bien-être se diffuser.

Expirez en laissant retomber les mains vers le bas avec la sensation de laisser intégrer dans tout le corps cette lumière et cette chaleur.

Concentrez-vous et ressentez l'énergie et la lumière du soleil circuler dans tout votre corps : dans les bras, jusqu'au bout des doigts, dans les jambes, jusqu'au bout des pieds.

Laissez cette énergie s'installer dans votre ventre, le centre vital de tout votre être. Continuez ainsi quelques minutes puis faites une pause d'intégration en appréciant bien la détente du corps, la libération des tensions.

Prenez conscience de la respiration calme et profonde.

➤ **Exercice de visualisation : L'arbre**

Cet exercice est parfait pour développer sa force intérieure et sa confiance en soi, pour affronter les épreuves avec une grande force morale.

Imaginez une prairie ensoleillée avec un arbre devant vous. Un arbre magnifique, un grand chêne qui vous donne une impression de solidité, de stabilité, avec un large tronc et des racines profondément ancrées dans le sol, un feuillage magnifique et verdoyant, épanoui sous le soleil.

Vous admirez ce chêne, vous imaginez maintenant être à l'image de ce chêne, debout, bien ancré dans le sol, colonne droite, tête étirée vers le haut, avec les bras écartés un peu du corps et les doigts légèrement écartés avec la sensation que ce sont les branches et branchettes de l'arbre.

Inspirez et attirez toute l'énergie de la terre dans vos jambes jusqu'au thorax, comme une énergie lumineuse qui monte avec la sensation d'être renforcé, dynamisé de l'intérieur et stable à l'image de l'arbre.

Inspirez, bloquez la respiration, restez en contact avec cette énergie, cette force intérieure, puis en expirant vous laissez descendre cette énergie en expulsant par les mains, le bout des doigts, tout ce qui vous gêne, tout ce qui vous dérange.

Sentez cette grande force en vous. Restez en contact avec cette énergie en respiration libre, les bras se rabaissant, faites une pause d'intégration. Vous restez à l'écoute de cette énergie, de la force, de la confiance qui circule en vous.

Intensifiez toutes les sensations qui vous paraissent agréables en les respirant.

Eliminez celles qui paraissent négatives en les dirigeants vers le bas, vers les pieds, en imaginant que vous les expulsez par le sol avec une expiration profonde.

Ressentez la libération, la grande légèreté, la force intérieure et la confiance en soi qui se développent de plus en plus et davantage.

AVANT LES EPREUVES

Ces petits exercices ont pour objectif d'augmenter la confiance en soi, de se donner du courage juste avant les épreuves, de les appréhender sereinement, de se donner de l'énergie et d'éliminer ses craintes.

> **Haussement des épaules**

Cet exercice est très utile lorsque l'on se trouve submergé par ses émotions, il permet de les évacuer.

- ❖ Tendez les bras de chaque côté du corps, vers le bas, poings fermés, bras bien tendus.

- ❖ Inspirez profondément par le nez en faisant une dizaine de fois des haussements rapides d'épaule.

- ❖ Et en soufflant fort par la bouche, projetez les bras en avant, ouvrez les mains et jetez toutes les émotions désagréables, tout ce dont on veut se débarrasser (stress, anxiété, peurs…).

Refaites l'exercice 5 fois.

Puis revenez à une respiration calme et tranquille, en abaissant les mains et les bras tout doucement et laissez un grand calme envahir tout le corps.

➢ **Respiration Totale**

Cette respiration permet de diffuser le bien-être dans tout son corps.

- ❖ Inspirez par le nez pendant 5 secondes en levant les bras jusqu'au dessus de la tête.

- ❖ Bloquez la respiration pendant 2 secondes.

❖ Expirez par la bouche pendant 8 secondes en descendant vos mains sur votre tête, votre thorax et votre ventre et en pensant : « J'ai confiance en moi, je vais réussir ».

Faites une pause d'intégration en gardant les bras relâchés. Faites cet exercice 5 fois au total, en prenant une respiration libre entre chaque travail de respiration.

> **<u>Respiration abdominale comptée</u>**

Cette respiration va permettre de ralentir le rythme cardiaque, et d'appréhender les épreuves plus sereinement.

❖ Inspirez par le nez en gonflant le ventre sur 4 temps.

❖ Bloquez la respiration sur 1 temps.

- Soufflez par la bouche en rentrant le ventre sur 8 temps.

Recommencez cet exercice une dizaine de fois.

> **<u>Activer la confiance</u>**

Cet exercice permet de reprendre confiance en soi juste avant les épreuves.

- Expirez profondément en vidant les poumons.

- Inspirez lentement par le nez sans forcer en prononçant mentalement le mot « CONFIANCE ».

- Expirez lentement par la bouche en prononçant mentalement le mot « REUSSITE ».

Continuez une à deux minutes en imaginant que sur chacune des respirations tout votre corps se remplit de ces deux mots : Confiance et Réussite.

Diffusez dans chaque muscle, chaque organe, chaque cellule la confiance et la réussite. De plus en plus et davantage à chaque respiration.

Prenez le temps de ressentir tout ce qui se passe à l'intérieur de vous.

> **<u>Respiration dynamisante et revitalisante – Méthode 1</u>**

Cette technique de respiration permet de se donner du courage juste avant l'épreuve, de se donner la force de faire une action.

Pensez à une image qui vous inspire la vitalité, la force (un soleil, un lion, une cascade d'eau…).

Dans le même temps, concentrez-vous sur une sensation dynamisante (le souffle du vent, une musique…).

Puis mettez en place une respiration dont l'inspiration est plus longue que l'expiration. A votre propre rythme, fluide et régulière.

Effectuez cette respiration pendant 2 à 3 minutes puis reprenez une respiration libre. Prenez conscience de tous les effets positifs dans votre corps : l'énergie qui s'installe, le courage de passer les épreuves.

> **Respiration dynamisante et revitalisante – Méthode 2**

Cette deuxième méthode de respiration dynamisante et revitalisante peut être effectuée directement à la suite de la première méthode.

- ❖ Les yeux fermés, posez une main sur votre ventre et une main sur votre thorax.

- ❖ Expirez profondément en vidant le ventre et les poumons.

- ❖ Inspirez lentement par le nez en gonflant le ventre, les poumons, laissez les épaules s'ouvrir, puis suspendez votre souffle quelques secondes.

- ❖ Expirez fortement par la bouche comme pour éteindre plusieurs bougies d'un seul coup.

Recommencez l'exercice pour le faire 3 ou 5 fois au total.

Au rythme de ces respirations, prenez le temps de ressentir tout ce qu'il se passe à l'intérieur de vous, ressentez l'énergie circuler, la force intérieure se développer.

> **IRTER**

Cet exercice permet de se libérer de tout ce qui perturbe, d'éliminer toutes les pressions, toutes les tensions, les peurs, les angoisses...

Mettez-vous debout et visualisez toutes les émotions négatives (le stress, les peurs, les angoisses) et toutes les tensions physiques (sensation de boule au ventre, rougeurs...).

Fixez toutes ces choses perturbantes et dérangeantes.

- ❖ **I**nspiration pleine et complète en levant les bras au-dessus de la tête.

- ❖ **R**étention en bloquant la respiration et en gardant les bras au-dessus de la tête comme pour porter quelque chose : portez toutes ces choses perturbantes et dérangeantes juste au-dessus de votre tête.

- **T**ension en contractant tous les muscles.

- **E**xpiration en soufflant très fort par la bouche et en projetant les bras vers l'avant. Jetez toutes ces pressions, toutes ces tensions, les douleurs physiques et mentales, tout ce dont vous voulez vous débarrasser, les expulser le plus loin possible.

- **R**écupération et relâchement.

Faites une pause d'intégration et laisser le temps au corps d'intégrer qu'il s'est libéré de tout ce qui le perturbe, de tout ce qui le dérange.

Appréciez le sentiment de vide, les tensions et les pressions qui s'éloignent.

> **La maîtrise de soi**

Cet exercice permet d'éliminer une émotion inconfortable, d'apaiser rapidement un état émotionnel et de diminuer les pensées négatives.

❖ En position assise, les yeux fermés, croisez les bras devant le thorax, la main droite se situant juste en dessous de l'épaule gauche et la main gauche, juste en dessous de l'épaule droite.

❖ Tapotez doucement et de façon alternative les mains sur le corps, au rythme d'un tapotement par seconde.

❖ Tout en continuant les tapotements alternés, modifiez votre respiration pour qu'elle devienne plus abdominale et plus lente.

❖ A chaque expiration, prononcez mentalement « je me maîtrise parfaitement » ; « je me contrôle totalement ».

N'essayez pas de faire coïncider la phrase prononcée mentalement avec l'expiration.

Continuez l'exercice pendant environ 12 respirations.

Puis posez les mains sur les cuisses, reprenez une respiration naturelle et observez votre état intérieur.

➢ **Programmer la réussite**

Cet exercice permet d'augmenter la confiance en ses capacités et d'éliminer une bonne partie de ses craintes.

Respirez calmement par le ventre pendant 2 minutes sur 3 temps à l'inspiration et sur 3 temps à l'expiration.

Puis, visualisez à l'avance l'examen à venir en le vivant sous son angle le plus positif.

Imaginez d'abord le lieu où il se déroulera : la ville, le trajet, l'établissement, la salle.

Imaginez-vous parfaitement calme et détendu, confiant, percevez-vous bien préparé.

Si c'est un examen oral, voyez-vous en train de répondre facilement aux questions de l'examinateur. Imaginez qu'il est intéressé, visualisez-vous en train d'articuler clairement, avec un débit de parole ni trop long, ni trop rapide.

Si c'est un examen écrit, visualisez-vous répondant aux questions avec fluidité et facilité.

Percevez-vous toujours calme et détendu, percevez votre main qui écrit avec aisance et assurance, ressentez la mine du stylo glisser agréablement sur la feuille.

Puis imaginez le moment des résultats de l'examen, le travail et tous les efforts récompensés : Etre admis.

Inspirez profondément cette sensation de réussite, puis faites une tension douce de tout votre corps en serrant les poings et les mâchoires pendant quelques secondes afin que cette réussite s'imprime dans tous vos muscles, toutes les cellules de votre corps.

Nourrissez-vous de ce sentiment de réussite, de victoire, de travail accompli et soyez fier de ce succès.

Puis soufflez et relâchez tous vos muscles, tout votre corps et appréciez tous les effets positifs de l'exercice.

➢ **Se remplir d'énergie**

Cet exercice permet de s'emplir d'énergie afin de vivre les épreuves plein de vitalité.

❖ Croisez les doigts de vos mains, paumes tournées vers l'extérieur et levez les bras sur l'inspiration en les étirant vers le ciel, toujours paumes tournées vers l'extérieur et en prononçant mentalement le mot « ENERGIE ».

❖ Une fois vos poumons pleins, retenez votre souffle quelques secondes et relâchez les bras et les mains en expirant et en laissant redescendre les bras le long du corps.

Prenez le temps de ressentir les sensations présentes.

Recommencez encore 3 ou 4 fois.

➢ **Cohérence cardiaque**

Cet exercice doit être pratiqué avant le début des épreuves si vous avez des palpitations. Il permet de faire diminuer le nombre de pulsations cardiaques par minute.

La cohérence cardiaque agit sur le système nerveux, de ce fait les tensions musculaires et psychiques vont diminuer progressivement.

- ❖ Synchronisez l'ouverture et la fermeture de vos yeux avec la respiration. Les yeux s'ouvrent à l'inspiration et se ferment à l'expiration.

- ❖ Egalisez le rythme respiratoire : 5 secondes à l'inspiration – 5 secondes à l'expiration, tout en continuant l'ouverture et la fermeture des yeux.

Continuez l'exercice pendant 4 minutes.

PENDANT L'EPREUVE

Ces petits exercices vont vous permettre de vous apaiser pendant l'épreuve en cas de coup de stress : Lors de la découverte du sujet, en cas de « page blanche », ou de sensation de vide à l'oral.

Vous pouvez les réaliser discrètement sans que personne ne s'en aperçoive. Si vous vous êtes entraînés au préalable ils seront encore plus efficaces, rapidement et profondément.

N'hésitez pas à les utilisez, ils peuvent faire la différence sur le résultat final !

➢ **<u>Respiration calmante et apaisante</u>**

Cet exercice permet de se sentir rapidement apaisé et calme.

Pensez à une image positive qui inspire le calme (un lac tranquille, un arbre, une fleur…).

Dans le même temps, concentrez-vous sur une sensation apaisante comme le bruit de l'eau, l'odeur d'un parfum réconfortant, une texture douce….

Puis mettez en place une respiration dont l'expiration est plus longue que l'inspiration, à votre propre rythme, de façon fluide et régulière.

Effectuez cette respiration quelques instants puis reprenez une respiration libre.

Prenez conscience de tous les effets positifs dans le corps : le grand calme qui s'installe, le sentiment de paix intérieure.

➢ **Dissoudre les tensions**

Pratiquez cet exercice dès qu'une émotion inconfortable survient pour l'atténuer le plus rapidement possible.

Cela permet l'apprentissage du lâcher-prise, le développement de la confiance en soi et la mise à l'écart des pensées et des émotions négatives.

- ❖ Concentrez-vous sur votre main droite, inspirez pendant 5 secondes, serrez votre poing droit de plus en plus fortement, tout en conservant votre bras gauche, votre ventre et votre visage bien détendus.

- ❖ Puis relâchez la contraction de votre main droite à l'expiration. Percevez toutes les sensations présentes dans votre main droite.

❖ Puis concentrez-vous sur votre main gauche, et inspirez pendant 5 secondes, serrez votre poing gauche de plus en plus fortement, tout en conservant votre bras droit, votre ventre et votre visage bien détendus.

Puis relâchez la contraction de votre main gauche à l'expiration. Percevez toutes les sensations nouvelles dans votre main gauche.

Ensuite, inspirez par le nez et soufflez par la bouche, calmement, en prenant conscience de toutes les sensations dans vos deux mains.

➢ **Evacuer l'angoisse**

Cet exercice permet d'évacuer l'angoisse, quand on découvre le sujet de l'examen par exemple. Il permet de ralentir le rythme cardiaque, et aide à retrouver le calme.

- ❖ Inspirez profondément en gonflant le ventre et les côtes, l'ensemble de vos poumons (respiration pleine), et contractez très fortement les poings.

- ❖ Puis, soufflez tout doucement comme pour souffler à travers une paille, et relâchez les poings pour évacuer la contrariété, le stress.

Recommencez l'exercice pour le faire 3 à 5 fois au total et le reproduire si nécessaire pendant la durée de l'examen.

> **Respiration ventrale**

Cette respiration permet de retrouver le calme rapidement et d'éliminer les symptômes physiques du stress comme les mains moites, la respiration bloquée, la sensation d'oppression, la boule au ventre…

- ❖ Portez votre attention au niveau de votre ventre qui se gonfle à l'inspiration et se dégonfle à l'expiration.

- ❖ Laissez votre ventre se gonfler, restez en apnée pendant deux secondes puis expirez de façon lente et calme.

Continuez les mouvements ventraux qui deviennent de plus en plus habituel, à votre propre rythme avec fluidité et régularité.

Observez comme la respiration devient plus lente, plus calme, plus profonde.

Notez les sensations agréables dans tout le corps, et vivez la détente physique et mentale qui s'installe.

Laissez le calme envahir tout le corps progressivement, jusqu'au plus profond de vous-même.

➢ **Lecture du corps**

Cet exercice de sophronisation de base très rapide, permet de se relaxer en quelques instants.

Portez votre attention sur votre tête : Le sommet de votre crâne, votre front et vos mâchoires et détendez toute cette zone.

Puis concentrez-vous sur vos épaules et les laisser s'abaisser à chaque inspiration. Ensuite vos bras, jusqu'au bout des doigts, les visualiser complètement relâchés.

Contemplez votre dos, vos omoplates, votre colonne vertébrale, votre région lombaire et les sentir détendus.

Puis votre cou, votre gorge et votre nuque, totalement relaxés.

Détendez votre thorax et votre abdomen, relâchez les muscles fessiers et laissez les jambes se relaxer jusqu'au bout des orteils.

Ressentez l'ensemble de votre corps complètement détendu et relâché et ne gardez que la tension nécessaire au maintien de la position.

> **<u>Détente mentale</u>**

Cet exercice permet d'apporter le calme intérieur lors de la distribution du sujet par exemple.

Une profonde détente mentale s'installe dès que la concentration se centre sur les expirations.

❖ Amenez doucement votre respiration vers le ventre. Sentez le mouvement créé par votre respiration puis concentrez-vous juste sur les expirations.

❖ Imaginez à chaque expiration que vous descendez de plus en plus profondément à l'intérieur de vous, dans une région calme et sereine. Chaque expiration vous procure un calme de plus en plus profond.

Continuez cet exercice pendant 12 respirations. Prenez conscience de votre état intérieur, du relâchement mental et corporel obtenu.